Dirk Fischer

STILLE

Wissen sie noch was das ist?

Synergia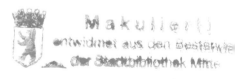

Erstausgabe 2017
Erschienen im Synergia Verlag, Basel, Zürich, Roßdorf
eine Marke der Sentovision GmbH
www.synergia-verlag.ch

Alle Rechte vorbehalten
Copyright 2016 Synergia Verlag
Umschlaggestaltung, Gestaltung und Satz:
Mario Metz, FontFront.com, Roßdorf
Fotos: Dirk Fischer

Vertrieb durch Synergia Auslieferung
www.synergia-auslieferung.de

Printed in EU
ISBN-13: 9783906873039

Bibliografische Information der Deutschen Bibliothek
Die Deutsche Bibliothek verzeichnet diese Publikation in der deutschen Nationalbibliografie;
detaillierte bibliografische Daten sind im Internet unter http://dnb.ddb.de abrufbar.

INHALT

In der Stille angekommen gehe ich in mich,
stehe ich zu meinen Stärken und Schwächen,
liegen mir mein Leben und die Liebe am Herzen.
In der Stille angekommen, sehe ich mich, dich,
euch und die Welt mit anderen Augen,
mit den Augen des Herzens.
In der Stille angekommen, höre ich auf mein Inneres,
spüre ich Geborgenheit,
lerne ich Gelassenheit, tanke ich Vertrauen.

*Ernst Ferstl (*1955), österreichischer Lehrer, Dichter und Aphoristiker*

Zum Geleit dieses Buches

Es gibt eine Vollkommenheit tief inmitten alles Unzulänglichen. Es gibt eine Stille, tief inmitten aller Ratlosigkeit. Es gibt ein Ziel, tief inmitten aller weltlichen Sorgen und Nöten.

Buddah

Stille gehört zur absoluten Essenz unseres Seins. Dieses Buch soll Sie begleiten und motivieren mehr Kontakt zu etwas zu bekommen, was immer mehr aus unserem Leben gedrängt wird, die Möglichkeit in die Stille zu gelangen und Stille als Lebensqualität zu erleben und sie für ein gesünderes und stabileres Leben zu nutzen. Es soll Ihnen eine Idee von Stille und die vielen wertvollen und wohltuenden Aspekte dieses Themas näherbringen.

Dieses Buch führt den Leser von außen, unserer lauten Welt, tief in die innere Welt, vielleicht auch mit der Möglichkeit, sich mit etwas Höherem zu verbinden.

Die Fotografien sollen Ihnen beim Finden der Stille helfen. Es sind Bilder die Sie inspirieren sollen, sich auf Stille einzulassen, Lust auf Stille zu bekommen und Sie motivieren, selbst ein Bild der Stille zu fotografieren. Es sind bewusst einfache Bilder, die beim Betrachten eine Art Einkehr zu sich fördern sollen. Verweilen Sie und tauchen Sie ein in das äußere Bild, um zu einem eigenen inneren Bild zu gelangen.

Ich möchte Sie neu begeistern und wieder näher heranführen an dieses wunderbare Medium. Das Erfahren von Stille darf nicht zu leise werden. Stille muss erlebbar bleiben und sollte immer erstrebenswert und wertvoll in unserem Bewusstsein verankert sein. Machen Sie sich auf, dieses heilsame Medium wieder in ihrem Alltag zu integrieren und nutzen Sie dieses Buch zur Bewusstwerdung und Motivation.

STILLE

Der Mensch besieht sein Spiegelbild nicht im fließenden Wasser,
sondern im stillen Wasser.

Dschuang Dsi

Stille, wissen Sie noch was das ist? Vielleicht erinnern Sie sich an einen besonderen Moment der Stille in Ihrer Vergangenheit oder Sie denken jetzt, dass Stille doch etwas Langweiliges zu sein scheint und wir so etwas nicht wirklich brauchen.

Stille erscheint wie etwas Ausgedientes in unserer modernen Welt, in der nichts so wenig unterstützt wird, wie die Stille. Wir haben schon fast verlernt unsere Sinne auf etwas wie Stille auszurichten. Stattdessen verlangen unsere Sinne ständig nach neuem Futter, meist in Form von Ablenkungen, Unterhaltung, Amüsement oder das maßlose Aufhalten im Internet. Das sind die treibenden Kräfte, die uns fern halten von uns selbst und in der modernen Oberflächlichkeit gefangen halten. Unsere erschaffene Alltagskultur heißt konsumieren. Wer viel konsumiert, egal in welcher Form, versperrt den Zugang zu wahren Gedanken und Gefühlen und verengt den Kanal zwischen Bewusstsein und Unterbewusstem. Da hilft nur ein wunderbares, völlig natürliches Gegenmittel, die Stille. In allen Kulturen, vielleicht am deutlichsten in der östlichen Philosophie, ist die Kontemplation, also der Rückzug oder die Versenkung in sich selbst, eine der wichtigsten Säulen der Persönlichkeitsentwicklung. Und das aus gutem Grund. Nichts wird so sehr in seiner heilenden, tiefen Wirkung unterschätzt wie die Erfahrung der Stille.

Ich selbst habe mir angewöhnt fast jeden Tag zumindest für einige Minuten, die Stille aufzusuchen. Wenn ich spüre, ich muss mir über etwas klarer werden oder die Tage sehr anstrengend sind und ich langsam den aufkommenden bohrenden, dunklen Stress spüre, nehme ich mir ein paar Minuten, um wieder etwas reiner zu werden.

Ich nutze, so gut ich kann, die ordnende und heilende Wirkung der Natur. Ich suche dann am liebsten den Wald auf, gehe dann zunächst ein Stück auf einem Weg hinein, um mich dann, abseits des Pfades, tiefer zwischen Ästen und Laub einen guten Platz zu suchen. Wenn es ein schöner Tag ist, genieße ich zur stillen Frische des Waldes noch die Sonnenstrahlen, die durch die Äste und Zweige auf den Boden fallen und alles noch verstärken. Ich atme einige Male tief ein und aus und schon nach sehr kurzer Zeit tritt die gleiche, immer wieder befreiende Wirkung ein, die so gut tut und in mir eine starke, positive Veränderung bewirkt! Ich werde schon nach kurzer Zeit immer klarer, nicht nur in meinen Gedanken sondern besonders in meinen Gefühlen, ganz gleich worum es geht.

In die Stille gehen, zu sich selbst gehen, ist der beste Weg um den Kontakt zu sich selbst zu halten oder wieder herzustellen, um so zu den wirklichen Erkenntnissen und Wahrheiten in unseren vielfältigen Lebenssituationen zu gelangen. Probieren sie es aus!

Sie kennen doch bestimmt das Phänomen, das sich einstellt, wenn Sie einmal allein unterwegs sind oder abends allein in einem Hotelzimmer übernachten, weil Sie vielleicht auf Reisen sind oder einfach einen Tag oder zumindest einige Stunden allein für sich verbringen und dadurch zu einer anderen Gedankentiefe gelangen. In der Natur ist die Wirkung oft am stärksten dort, wo am wenigsten Ablenkung entsteht. Dann formt sich eine andere innere Stimmung, eine die viel mehr Klarheit vermittelt und etwas Ehrliches an sich hat. Dann schauen wir uns selber an und spüren alle Situationen, die uns so belasten oder beglücken viel deutlicher und ruhiger. Das sind die Momente, in denen wir unsere eigene Verantwortung wahrnehmen können und es fällt uns sehr viel leichter, mutig und ehrlich anzuerkennen, welchen großen Anteil wir an der Entstehung bestimmter Lebenssituationen oder auch Krisen haben. Wir haben kein Gegenüber mehr, dem wir eine Rolle vorspielen müssen, um uns zu schützen. Wenn Menschen in die Stille gehen, setzt bei vielen zunächst einmal eine gewisse Unruhe ein und viele würden sagen, dass sie Stille extra vermeiden, um ganz bestimmte Gedanken, Erinnerungen und damit verbundene Gefühle nicht aufkommen zu lassen. Sie haben schlicht Angst davor. Aber genau diese Befürchtungen kann Stille verändern und sogar heilen. In unserem täglichen Leben sehen und fühlen wir immer nur einen Teil unserer Realität, der uns natürlich auch nur einen Teil unseres Lebens verstehen lässt. Wenn man aber in die Stille geht und sich auf den Weg zu sich selbst macht, werden sich nicht nur die Befürchtungen und Ängste verändern, sondern es wird sich auch der Nebel auflösen, der viele unserer Lebenssituationen umhüllt und oft belastet.

Was wir nicht wirklich ansehen, können wir auch nicht wirklich verändern. Nur Stille und innere Einkehr kann das einleiten. In unserem Alltag leben wir nur mit unserer persönlichen Realität, die immer nur einen Ausschnitt zeigt, mit dem wir in Kontakt stehen können, also immer eine Realität, die aus Meinungen, Vorstellungen, Gefühlen und durch unsere eigenen Erfahrungen geprägt ist. Sie besteht aus den vielen Facetten unserer Wahrnehmung und deren individueller Interpretation.

In der Stille treffen wir auf die wahre Realität, in der wir, je öfter wir uns darauf einlassen und ein wenig üben, so etwas wie Wahrheit und Klarheit finden werden. Das Schöne ist, dass wir in der Stille einen treuen Freund finden können, der uns immer hilft.

Der Lärm kommt und geht, die Stille bleibt verlässlich dort, wo wir sie jederzeit finden können und damit auch viele klare Antworten auf höherer Ebene, die uns befreien vom Nebel der Interpretation und uns zu unserer Wahrheit führen werden.

Stille ist mehr als Ruhe oder die Abwesenheit von Geräuschen, sie ist ein erweiterter Raum, in dem sich alles zeigen kann, jenseits des Offensichtlichen und jenseits aller Halbheiten.

Unsere Welt ist laut

Das Gegenstück zum äußeren Lärm ist der innere Lärm des Denkens.
Das Gegenstück zur äußeren Stille ist innere Stille jenseits der Gedanken.

Eckhart Tolle

Wir alle leben in ihr und lassen uns jeden Tag von den Geräuschen forttragen, weit weg von uns selbst. Ja, es scheint sogar, dass diese Geräusche viele kleine Keile in unseren Alltag treiben und so fortwährend mehr Abstand zu einer lebenswichtigen Erfahrung wie Stille erzeugen. Solange wir wählen können zwischen laut und leise, ist alles gut. Wo ist es noch still in unseren Städten, im Alltag. Dröhnende Dezibel überall. Baustellen, Flugzeuge, rauschender Verkehr, dauerndes Gehupe, ein nie endendes Geräuschknäuel von früh bis spät, selbst das Gurren der Tauben wird zur Last.

Wir sind umgeben von Hunderten künstlicher Geräusche in unseren Städten. Wie die Dame auf dem Foto, die mitten auf dem Gehweg der Fifth Avenue in New York steht und wirkt, als wäre sie hineinkopiert in das unendlich laute Treiben der Metropole.

Immer öfter begegnen einem Orte der Stille in unseren Städten. Es gibt Sie an Bahnhöfen und Flughäfen oder wir finden sie in Museen und Kunstausstellungen. Mittlerweile entstehen sogar Kirchen der Stille an Autobahnen, sie wirken wie letzte Rettungsinseln in den unendlichen Verkehrsströmen.

Auch Unternehmen im In- und Ausland integrieren immer häufiger Orte der Ruhe und Stille auf ihren Werksgeländen oder in ihren Geschäftshäusern. Es scheint, als wüsste man von dem großen Bedürfnis der Menschen nach Muße, Besinnung und Geräuschlosigkeit.

Forschungen belegen, dass jeder fünfte Mensch in Europa Lärmpegeln ausgesetzt ist, die als gesundheitsschädigend eingestuft werden. Ein Pressluft-hammer donnert mit über 100 Dezibel in den Asphalt hinein und in einem Klassenzimmer toben die Geräusche mit 85 Dezibel im Raum umher. Es geht dabei nicht nur um körperliche Belastungen, sondern in erster Linie um innere Balance.

Was wir aber brauchen, um ein gesundes Leben zu leben und wieder in Kontakt mit uns zu sein, ist genau das Gegenteil dieser lauten Welt. Was wir am drin-gendsten benötigen, damit wir uns in unserer eigenen Welt auskennen und zurechtfinden, ist mehr Erkenntnis von uns selbst. Um zu dieser wichtigsten Art von Erkenntnis zu gelangen, ist nur ein Weg möglich, der Weg in die Stille. Wir finden auf diesem Weg zunächst Ruhe und Einkehr, kommen dann nach einigen Hürden in eine entspannende Sprachlosigkeit, denn unser innerer Dialog mit uns und der Welt muss auch mal verstummen. Wenn wir dann alle Bilder langsam loslassen und alles sich still und ruhig anfühlt, bekommen wir andere, neue Informationen, die aus dem Unbewussten heraufgespült wer-den. Wir verbinden uns dadurch mit dem gewaltigen Werkzeug der Intuition und gelangen so zu wirklicher Echtheit, Klarheit und Ehrlichkeit.

STILLE IST EINKEHR

Unendlich dehnt sie sich, die weiße Fläche,
bis auf den letzten Hauch von Leben leer;
die muntern Pulse stocken längst, die Bäche,
es regt sich selbst der kalte Wind nicht mehr.

Friedrich Hebel

Sommer

Ich erinnere mich gerne an die Stille des Sommers. Ich stehe in einem von der Wärme des Sommers erfüllten Raum, die Fenster sind weit offen und ich blicke hinaus in die Außenwelt, die in schwerer, unglaublich stiller Trägheit vor mir liegt. Es ist, als würde die Wärme alles an Geräuschen aufsaugen und für eine Zeit unter Verschluss nehmen. Ich stehe da, an meinen Platz lange und bin ganz ganz ruhig und zufrieden.

Winter

Ein anderes Gesicht hat die Stille im Winter. Ich laufe durch den Schnee, achte auf meine Schritte und darauf, wie mein Stiefel unter dem Druck meines Gewichtes im Schnee einsinkt und mit einem leichten Knacken den Schnee unter meinen Füßen zusammenpresst. Das Knacken macht Spaß. Ich bleibe ab und zu stehen und spüre eine Stille, die ich fast anfassen kann. Ich höre genau hin, nichts! Dann plötzlich ein lautes Krachen eines Astes.

Obwohl ich es kenne und es so ein typisches Geräusch des Winters ist, erschrecke ich mich kurz, denn es ist für einen Moment so laut in der sonst totalen, alles überschwemmenden Stille.

Wege

Manchmal ist Stille in der Anstrengung zu finden. Ich denke da an lange Wanderungen. Wenn wir ein Stück gehen und dieses Stück ein Großes wird, gelangen wir in einen anderen Zustand. Die Wanderung wird anstrengend und befriedigend zugleich. Wir spüren diese körperliche Anstrengung und müssen uns immer wieder etwas überwinden nicht anzuhalten und weiterzugehen.

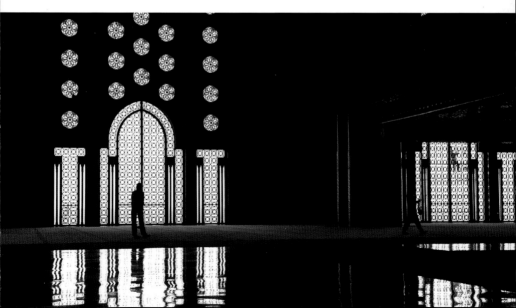

STILLE IST NATUR

Es liegt im Stillesein eine wunderbare Macht der Klärung, Reinigung und Sammlung auf das Wesentliche.

Dietrich Bonhoeffer

Die Natur kennt keinen Lärm, nur Geräusche. Deshalb gibt es ohne uns Menschen keinen Lärm. Wir verursachen selbst, was uns am meisten belastet. Selbst ein leise tickender Wecker kann uns mit seiner künstlichen Penetranz belasten, während das wesentlich lautere Rauschen des Meeres uns eher in eine wohltuende Schwingung versetzt und inneren Ausgleich fördert. Die Quelle entscheidet alles. Welche Beziehung haben wir zur Ursache der Geräusche. Wir wissen tief in uns, dass die Natur uns nur mit Natürlichem umgibt. Die Geräusche der Natur sind Leitlinien zu Erfahrungen oder dienen als Warnung vor Gefahr. Das Herabfallen eines Wasserfalls oder das grollende Donnern eines näherkommenden Gewitters sind sinnvolle und schützende Botschaften der Natur. Nie fühlen wir uns dadurch belastet. Die Geräusche unserer Zivilisation sind sehr oft künstliche Verstärkungen einer unnatürlichen Welt in unseren Städten. Das wird zur Last.

Wenn wir anhalten und Stille erst einmal zulassen, uns einlassen auf das langsame Fließen eines Flusses oder das Spüren des Windes, der immer wieder Blätter anstößt um sie umhertanzen zu lassen, dann beginnen wir damit, die Schönheit des Augenblicks zu genießen und kommen zur Ruhe.

In diesen Momenten haben wir mal keine Fragen und wollen auch keine Antworten, wir verfolgen keine konkreten Gedanken, wir haben kein Bedürfnis, keine Ansprüche und wollen auch keine Erwartungen erfüllen. Dann können wir langsam einer Stille begegnen, die uns zu uns selbst führt.

Wir pendeln uns langsam ein für eine wirkliche Begegnung mit uns selbst. Dann fühlen wir uns wohl und es fehlt nichts. Wenn wir in so einem Moment einen tieferen Zugang zur Natur spüren und vielleicht etwas besonderes erleben, kommt uns eventuell der Gedanke, das mit einem Menschen teilen zu wollen, aber nach kurzer Besinnung lassen wir davon ab, weil wir spüren, dass es tatsächlich schöner ist, allein zu sein, nur mit sich. Weil uns nichts mehr fehlt. Diesen nahezu perfekten Zustand erreichen wir wohl nur hier, in der Natur.

STILLE KANN MAN ABBILDEN

Das eine Auge des Fotografen schaut weit geöffnet durch den Sucher, das andere, das geschlossene, blickt in die eigene Seele.

Henri Cartier-Bresson

Übung

Wir leben mit Bildern überall! Fotografien sind in unserer Gesellschaft allgegenwärtig. Wir haben über viele Jahrzehnte gelernt mit Bildern und Fotos umzugehen und wir lieben sie. Für das Einfangen von Stille kann die Fotografie ein sehr wertvolles und kreatives Werkzeug sein.

Überlegen Sie sich ihren persönlichen Ausdruck von Stille und fotografieren Sie selbst ein Stille-Bild. Schon das Fotografieren an sich ist ein schönes Ritual, das in die Ruhe führt. Sie lösen bewusst etwas aus Zeit und Raum heraus, um es dann für sich zu nutzen.

Drucken Sie Ihr Motiv aus, stellen es auf Ihren Schreibtisch oder betrachten Sie es in Ruhe an einer Wand. Experimentieren Sie mit Ihren Stille-Motiven und nutzen Sie Ihr Bild jeden Tag für einige Minuten.

Stille ist Achtsamkeit

*Es gibt für den Menschen keine geräuschlosere und ungestörte Zufluchts-
stätte als seine eigene Seele. Halte recht oft solche stille Einkehr und
erneuere so Dich selbst.*

Marc Aurel

Wann erfahren wir Achtsamkeit? Wenn sich jemand zu uns hinwendet, uns
zuhört oder uns bewusst betrachtet, sich Gedanken über uns macht oder
sich mit uns beschäftigt, ohne etwas anderes gleichzeitig im Blick zu haben.
Das Gleiche widerfährt uns, wenn wir uns Achtsamkeit entgegenbringen.
Dazu müssen wir uns bewusst und ehrlich selbst ansehen. Um uns selbst zu
betrachten, sollten wir in die Stille gehen. Nur von dort aus gelingt uns ein
achtsamer Blick auf uns selbst. Wenn wir achtsam werden, lenken wir unsere Aufmerksamkeit in die Gegenwart, auf das Jetzt! Regelmäßig praktiziert,
fördert Achtsamkeit die seelische Gesundheit und Lebensfreude, das ist be-
wiesen. Eine gute Empfehlung ist, mindestens zehn Minuten am Tag die eine
oder andere Übung durchzuführen. Diese wenigen Momente am Tag machen
zufriedener im Beruf und können unsere Gesundheit stabilisieren.

„Die Achtsamkeit schiebe sich wie ein Puffer zwischen Reiz und Reaktion und
verändere so Verhaltensweisen." „Wir sind nicht mehr wie Roboter Gescheh-
nissen ausgeliefert, sondern können bewusst angemessen reagieren". Besser
noch: Achtsamkeitspraxis hilft, das Leben mit mehr Wohlwollen, Humor und
Liebe zu betrachten.

Hier nun einige kurze Übungen, die sehr leicht in den Alltag zu integrieren sind. Suchen Sie sich einen Platz, an dem Sie keiner stört. Sonst brauchen Sie nichts! Geübt werden kann in jeder Körperhaltung. Sie können stehen, sitzen oder liegen. Es ist wichtig, ein paar Minuten in dieser Haltung gut verharren zu können. Sobald Sie ein wenig Übung haben, können Sie diese Übungen auch an anderen Orten oder unterwegs trainieren.

Spüren Sie in sich hinein

Legen oder setzen Sie sich bequem hin, und schließen Sie die Augen. Atmen Sie tief ein und aus. Bündeln Sie Ihre Aufmerksamkeit wie den Strahl einer Taschenlampe, und beleuchten Sie die Regionen Ihres Körpers von Kopf bis Fuß. Versuchen Sie langsam den ganzen Körper zu erfassen. Gehen Sie vom Scheitel bis zu den Fußsohlen hinunter und wandern Sie langsam und möglichst genau von Region zu Region. Bleiben Sie so genau wie möglich bei ihrem Körper. Anfangs wird es etwas schwer fallen, dabei zu bleiben und mit der Aufmerksamkeit nicht abzuschweifen. Nach ein paar Übungsanläufen wird es aber leichter werden.

Innere Achtsamkeit

Nehmen Sie Platz, und schließen Sie die Augen. Lassen Sie nun alle inneren Bilder zu, die sich zeigen, egal was es ist. Fragen Sie sich nun, was wichtig für Sie ist und achten Sie darauf, was sich für Bilder einpendeln. Es kann eine Situation sein, eine Erinnerung, ein Symbol oder auch ein Gefühl. Wenden Sie sich nun diesem Thema ganz zu und erfahren Sie alles, was das innere Bild oder Thema zeigt und für Sie bereithält. Bleiben Sie dabei so lange es sich sinnvoll anfühlt. Sie werden ein Gespür für den richtigen Zeitraum entwickeln. Sie können auf diese Weise jede Situation oder jedes Gefühl genauer und bewusster betrachten und ergründen lernen. Auch bei schwierigen Themen entsteht dadurch oft ein klärender und befreiender Prozess!

Neues Erleben

Verbringen Sie so viele Momente wie möglich mit bewusster, achtvoller Wahrnehmung. Wenn Sie duschen, lenken Sie Ihre Aufmerksamkeit auf die rasselnden Wassertropfen, spüren Sie in das herunterrieselnde Wasser hinein und genießen Sie diesen Moment der Wärme und Reinigung. Öffnen Sie beim Essen alle Sinne! Welche Farbe, Form und Konsistenz hat das Lebensmittel? Wie fühlt es sich an? Gibt es ein Geräusch, wenn Sie es in die Hand nehmen oder schneiden? Wie schmeckt das Essen wirklich, was können Sie herausfiltern? Essen Sie langsam und machen eine bewusste Pause, schließen Sie die Augen, um noch genauer wahrzunehmen. Lernen Sie wieder, genau hinzusehen. Wenn Sie sich in der Natur aufhalten, schauen Sie sich einen Baum einmal sehr genau an. Welche Formen und welche Düfte nehmen Sie wahr. Was können Sie alles entdecken. Sie werden staunen, über was Sie sonst alles hinweggehen. Sie sollten sich darauf einlassen, gerade im Alltag zu lernen, genauer wahrzunehmen. Wir sind in der Lage, innerhalb eines Lidschlags zum Beispiel das Design eines Autos zu erfassen und zu bewerten. Nehmen Sie sich Zeit, ein Produkt, das Sie interessiert, sehr genau anzusehen und zu erfühlen. Erst dann wird Ihnen bewusst werden, was alles an Sorgfalt und Qualität dazugehört, ein hochwertiges Produkt in die Welt zu bringen.

Unsere Atmung

Unsere Atmung ist das Wichtigste überhaupt. Wir beginnen unser Leben mit dem ersten Atemzug und beenden es mit dem letzten. Machen Sie sich bitte bewusst, wie wertvoll unser Atem ist. Nehmen Sie beim Einatmen Ihr Leben symbolisch in sich auf und konzentrieren Sie sich beim Ausatmen auf die Luft, die aus der Lunge strömt. Machen Sie zunächst nur einige Atemzüge, um zu üben. Nach einigen Versuchen sollten Sie die Übung länger anwenden. Durch das bewusste Atmen werden Sie sich auch zunehmend frischer fühlen, oder sich wieder besser konzentrieren können.

STILLE IST HEILUNG

Die einfachste Medizin der Welt

Wir alle reagieren unterschiedlich auf unsere Lebenssituationen. Wir erfahren unser Leben durch unsere Prägung und unsere Persönlichkeitsstruktur in ganz verschiedener Weise. Allgemein belastende Situationen, Angsterfahrung, Druck im beruflichen Alltag, Verlust, Sorgen oder andere destruktive Erlebnisse erschaffen in uns Stress, der sich sehr belastend auf das Immunsystem auswirkt. Stress macht nicht nur krank, er blockiert auch die Sinnfindung im Leben. Das bedeutet, dass Stress die wichtigste Voraussetzung für erfülltes Leben blockiert. Stress bedeutet immer Entfremdung und führt uns weg von uns selbst. Stille ist immer eine Hinwendung zu uns selbst. Schon deshalb ist der Zustand der Stille immer das richtige Heilmittel.

Stille, die einfachste Medizin der Welt, kann uns helfen Gesundheit zu erhalten. Sie ist das einzige, wirkliche Mittel gegen Stress, das ständig zur Verfügung steht und nichts kostet. Die Ruhe macht etwas mit uns. Ungeahnte Kräfte liegen in der Ruhe, ordnende, heilende Kräfte, das sagen nicht nur die alten, weisen Quellen der Mythologie, sondern auch viele wissenschaftliche Studien überall in der Welt.

Die folgende Übung eignet sich sehr gut, um selbst etwas für die eigene Gesunderhaltung zu tun.

Der innere Raum der Stille – eine Übung für den Tag und für die Nacht

Die Übung kann und sollte jeder in sein Alltagsleben aufnehmen. Es ist eine sehr bewährte Übung, die uns den Zugang zu unserer eigenen Ruhe, Muße und Stille leicht ermöglicht und durch Wiederholung fest mit uns verbunden wird. So können wir wesentlich schneller in die gesunde und stabilisierende Stille finden, die uns im Gleichgewicht hält.

Suchen Sie sich einen ruhigen Ort, an dem Sie keine Störung erwarten. Setzen Sie sich auf einen bequemen Stuhl oder Sessel. Schließen Sie Ihre Augen und atmen dreimal tief ein und lange aus. Stellen Sie sich vor, dass Sie beim Ausatmen allen Druck des Alltags loslassen. Sagen Sie zu sich selbst, dass Sie nun zu Ihrem inneren Ort der Stille gehen. An diesem Ort gibt es keinen Druck, keine Verantwortung, keine Pflicht, nur vollständige Akzeptanz Ihrer selbst. Es ist ein stiller, beschützender, entspannender Ort. Machen Sie sich nun auf ihren Weg zu Ihrem persönlichen Ort.

Was zeigt sich? Ist es eine Landschaft, in die Sie nun hineingehen, oder eine sonnenbeschienene Lichtung in einem Wald, die durch kräftige Bäume gesäumt ist, oder ein schöner Raum mit großen Kissen und herrlichem Ausblick? Das sind nur mögliche Beispiele. Wichtig ist, dass Sie sich geduldig ganz einlassen, um zu Ihrem Ort der Stille zu finden. Wenn sich ein Bild zeigt, das bleiben will, und eine Szene zeigt, die sich gut anfühlt, gehen Sie weiter in das

Bild hinein. Sehen und hören Sie, mit Ihren inneren Augen und Ohren, genau hin, nehmen Sie alles so genau wie möglich wahr, auch die Düfte und Geräusche der Umgebung. Lassen Sie sich dann nieder und betasten Sie den Boden oder andere Details. Gehen Sie weiter in das Bild hinein, bis Sie das Gefühl haben, genau am richtigen Punkt zu sein. Nehmen Sie nun die Ruhe, Stille und die Harmonie der Umgebung wahr und atmen Sie diese tief ein. Verbinden Sie sich mit diesem inneren Bild so gut wie möglich. Lassen Sie sich dafür einige Minuten Zeit. Halten Sie sich in diesem Bild auf und spüren Sie, wie die Ruhe und Stille Sie entspannt und direkt durch ihren Körper fließt. Sie kommen an diesem Ort immer tiefer in die eigene Stille. Sie spüren, wie dieser Ort auf Sie ausstrahlt und einen neuen Raum eröffnet, der klar und rein ist. Sie werden spüren, wann es Zeit ist, die Bilder langsam loszulassen und wieder in das Treiben zurückzukehren. Machen Sie diese Übung einige Male, um vertrauter zu werden mit sich selbst und Ihrem Zugang zur Stille.

Stille schafft Erkenntnis und holt Unterbewusstes ans Licht

Unser Unterbewusstes ist vergleichbar mit den Tiefen eines Ozeans, während das Bewusstsein nur die Oberfläche eines Meeres abbildet. Wenn wir uns aufhalten in der lauten Welt, also unseres Alltagslebens, sind wir nicht in der Lage wichtige Erkenntnisse unseres Lebens zu verstehen oder zu reflektieren. Wir sind wie ein Schwimmer der sich spielerisch durch das Wasser und die kleinen Wellen bewegt, und vereinzelnd ein paar Schwimmzüge unter dem Wasserspiegel vollzieht. Der zu bergende Schatz unserer Persönlichkeit und unseres Wissens liegt aber in größerer Tiefe. Wenn wir dann hinab tauchen, in das offene Blau des Meeres, wird es plötzlich sehr still. Nichts ist mehr zu hören vom den vielen ablenkenden Geräuschen an der Oberfläche.

So wie tief im Meer die alten Schätze geborgen wurden, so liegen unsere Schätze in Form von echten Gefühlen und reinem Wissen tief in unserem Unterbewusstsein. Dorthin gelangen wir nur durch Ausrichtung auf Stille. Es ist ein persönliches Abtauchen in uns selbst um an das zu kommen was wir wirklich fühlen und denken, wenn die tausend Ablenkungen und Zerstreuungen unserer Tagesabläufe den Blick und den Zugang auf unsere wahren Gefühle und Erkenntnisse blockieren. Nur so gelangen wir zur eigentlichen Wahrheit in uns.

Stille verbindet mit der Liebe

Wie oft erleben wir, dass wir das große und alles umhüllende Gefühl der Liebe nicht mehr wirklich spüren und deutlich empfinden können. Ich glaube, jeder von uns kennt das. Der Alltag, der Beruf, Streitereien, der eigene Frust, Ablenkung oder viele andere Situationen, die in uns ein Eigenleben führen, lassen das, was Liebe ist, entfernt erscheinen und wir spüren eine Art Distanz in uns aufkommen. Manchmal ist die Entfernung in uns zur Liebe so groß, das wir die Wärme, die Liebe so greifbar macht, nicht mehr in uns finden. Dann wird alles immer kälter. Gehen wir aber in die Stille mit uns allein und begegnen dem, was wir eigentlich lieben, werden wir feststellen, dass die Stille uns langsam und bewusst in die Nähe schiebt, zu unseren tiefen Gefühlen und Einstellungen. Es geht hier nicht nur um die Liebe zu anderen Menschen, sondern auch zu geliebten Leidenschaften oder unserem Beruf, den wir vielleicht nur noch abwickeln, aber nicht mehr mit Herz ausüben. Wir werden in der Stille viele Erinnerungen und innere Bilder finden, die uns Stück für Stück wieder mit dem wichtigsten Medium im Leben, der Liebe in Verbindung bringen.

Stille ist Essenz

Es existieren viele erlernbare Techniken, Anleitungen und Wissenssammlungen über die Wirkung und Wert des Zustands der Stille. Alle großen Weltreligionen und viele weitere, spirituellen Glaubensrichtungen sowie die ganze Breite der Meditationsphilosophie beschreiben den Zustand der Stille oder den Weg hin zur Stille als etwas zentral Wichtiges. All das sind Leitlinien zur inneren Essenz, zur Essenz unseres Selbst, dass sich, dort angekommen, erst wirklich verbinden kann, mit dem höheren Selbst. Das ist der Weg, der es uns möglich macht, in Kontakt zu treten mit wirklichem Glauben. Mit einem Glauben, der sich dann sogar lösen kann von den Filtern und Eingrenzungen der einzelnen Religionen. Dieser klare, bewusste Weg führt zu einer Kontemplation, in der wir uns in tiefer Stille selbst begegnen und oft die Erfahrung machen, mit etwas Höherem, Größeren oder Allumfassenderen als wir es sind in Verbindung zu gelangen. Es heißt, wir können so etwas erfahren, dass uns eine tiefere Form der Erkenntnis bringt und ein allumfassendes Gefühl des Beschütztseins spüren lässt. Nur durch Stille können wir solche Erfahrungen erleben. Stille ist eine Brücke, die zurück führt zur unserem Wesenskern. Sie bildet gleichzeitig eine zweite Brücke, in die scheinbar entgegengesetzte Richtung, in eine wesentlich erweiterte Welt, die uns verbindet mit dem großen Ganzen. Dort können wir dann wirkliche Liebe, Trost und alles Wissen finden. So ein Weg in der Stille fordert viel Hingabe und Übung. So einen Weg können wir nicht einfach gehen, schon gar nicht in unserem lauten Alltag. Aber wir wissen, wenn auch oft unbewusst, dass es ihn gibt und wir ihn freiwillig jederzeit beginnen können. Es gibt wohl in jedem Leben Momente und damit auch Gelegenheiten sich zumindest ein Stück auf den Weg hin zu unserer Essenz zu begeben. Wenn wir aufmerksam sind, werden wir sie erkennen!

In der Stille finden wir die Weite, die wir
brauchen, um einen Überblick zu bekommen.